चाय की चुस्की – और तेरा साथ

बातों से जज़्बातों का सफ़र

Rohini Sharma

BookLeaf Publishing
India | USA | UK

Made with ❤ on the BookLeaf Publishing Platform
www.bookleafpub.in
www.bookleafpub.com

Dedication

"...to the ones who motivate and inspire me,
and to my joy – my loving son, Shreehan."

Preface

This book is nothing less than a leap of faith. For the longest time, I kept my words tucked away in silence, too shy to let them step out into the world. They lived in notebooks, in fleeting thoughts, and in the quiet corners of my mind — until I gathered the courage to share them.

Writing, for me, has always been more than expression; it has been a companion through moments of joy and ache, clarity and confusion. Each piece in this collection touches some aspect of life — love and loss, hope and longing, the questions we wrestle with and the peace we seek. And sometimes it's just the words, waiting to be woven, coming together in rhythm, shaping a beautiful piece with a soul of its own.

I used to wonder if my words would matter beyond myself. Yet, I realized that poetry is less about perfection and more about connection. Even if select readers find a reflection of their own journey here, or feel a moment of comfort in these lines, then this leap has been worthwhile.

To me, these pages are not just poems, but fragments of

living — offered honestly, with the hope that they may speak to you in ways both familiar and unexpected.

—Rohini

Acknowledgements

I owe my deepest gratitude to the divine presence that has quietly guided me through this journey.

To my family and mentors – your presence, simply being there along the way, has been a constant source of strength and inspiration (though I must confess, I can't elaborate just yet – considering this is a surprise for you all! but I promise I'll expand in the next edition once I have your feedback and critique :-)).

To my select audience, whose insights, encouragement, and honest critique have inspired and motivated me along the way.

To my friend Rupneet, for helping with editing and offering encouragement at every step – and for all the cherished 'chai ki chuski' moments together with my tribe.

And to my son, Shreehan, whose gentle words have been my compass: "Mamma, you can do it. Don't be scared. Just follow your heart… do what makes you happy." You continue to inspire every word I write, and your love is my light.

1. चाय की चुस्की और तेरा साथ

चाय की चुस्की और तेरा साथ,
कुछ अनकही बातें और एक मुलाक़ात।

"पता है क्या हुआ?"
से शुरू होता बातों का सिलसिला,
कभी हँसी में, कभी ख़ामोशी में उलझती ज़ुबां।

कहते कहते जो कभी रुक जाते,
"क्या हुआ?"
पूछने पर इक मुस्कान में सिमट जाते।
समझ जाते कि वो बात कहना ज़रूरी नहीं, बस महसूस करना काफ़ी है।

यही तो दोस्ती है,
और चाय अभी बाकी है....

2. आफ़ताब-ओ-चाँद

कितना हसीन रिश्ता है...
आफ़ताब-ओ-चाँद का,
ना मिलने की ख़्वाहिश... ना बिछड़ने का ग़म।

एक डूबता है दूसरे के नूर के लिए,
एक चमकता है – दूसरे के ग़ुरूर के लिए।।

इक दिन फिर आए थे दोनों... साथ-साथ अर्श पर,
नूर-ओ-ग़ुरूर घुल रहे थे – फ़लक से फ़र्श पर।

चंद लम्हों की – वो मुलाक़ात रही,
फिर, न वो सुबह... ना वो रात रही।।

3. तलाश

कल तक जिनकी तलाश में था दिल...
मिले थे आज – वो मेरा पता पूछते हुए।

जब पास थे... तो मशरूफ़ थे अपनी कैफ़ियत में,
अब दूर हैं – तो बेताबी से हाले-दिल जाना किए।

बहुत आसान था उस अजनबी से मुँह मोड़ लेना...
उलझन तब हुई – जब उसे अपना समझ लिए।।

4. बूंदों का सफ़र

बड़ी मुद्दतों के बाद... ये शाम आई है,
रिमझिम यादों की बरसात लाई है।

वो पैग़ाम - जो लफ़्ज़ों की जगह -
आँखों से बह गए थे,
मुझे ढूँढ़ते हुए ये बूंदें...
वो पैग़ाम लाई हैं।

बड़ा दिलचस्प रहा... इन बूंदों का सफ़र,
कुछ नम हुईं – कुछ मुस्कान बनीं,
कुछ ठहर गईं... कुछ बह गईं।

इन्हें बह जाने दूँ... या बह जाऊँ मैं इनके साथ,
आख़िर ये – बहुत दूर से सफ़र तय करके आई हैं।।

5. क़ामयाबी का ताज

ऐ दिल...

यूँ बे-मशक़्क़त क़ामयाबी की चाह न कर –
चमन में फूलों के ताज भी काँटों पर सजते हैं ।।

ख्वाहिश रख तू चाँद की...
न मिले तो गम नहीं –
कम-से-कम आसमाँ तो फ़तह होगा ।।

6. परिन्दे सा मन

क्यों परिन्दे सा मन शान्त बैठा है...
उड़ने की चाह तो बहुत है – मगर,
दिशाहीन, उस आसमान को तकता है,
लगता ही नहीं – यह आसमान उसे अपना सा।

देखना चाहता है... उस जहान् को वो,
अपनी सीमाओं के पार –
आख़िर वही तो है उसका वजूद, उसकी पहचान...
फिर क्यों वो किसी और के दिखाए जहान् में सिमट जाए।

उड़ लेने दो उसे... जब तक पंखों में है जान,
उस उड़ान में छुपी है – उसकी खुद से मिलने की चाह,
कहीं यूँ न हो...
कि यह चाह – ख़त्म हो जाए,
पिंजरा तो खुला रहे... पर फिर वो उड़ न पाए।।

7. ख़ामोशी

कभी महफ़िलों की जान हुआ करते थे जो...
आज मिले थे ख़ामोश एक किनारे पे –
ख़ामोशी में ज़्यादा अपनापन मिला हो शायद।

——

वो ख़फ़ा रहे मेरी खामोशी पर,
जो निगाहें पढ़ लेते – तो कोई शिकायत ना रहती।।

8. ख़ुद से मुलाक़ात

आज फिर शाम तेरी यादों में गुज़री,
आज फिर रुक कर... ख़ुद का इंतज़ार किया।

——

जितनी दफ़े तेरे बारे में सोचा,
उतनी दफ़े... खुद से मुलाक़ात हुई,

कभी बिन पूछे सवालों के जवाब मिले –
कभी परेशानी में... सुकून की बरसात हुई ।।

9. ख़्वाहिशें

कुछ अधूरी ख़्वाहिशों के सहारे जिए जा रहे हैं,
कभी वो हमें, कभी हम उन्हें जीने की वजह दिए जा रहे हैं।

अपने मन की तो ये ज़िंदगी भी कहाँ,
मंज़िल कहीं... और बढ़ते कदम कहाँ।

ख़्वाहिशें कहा ख़त्म होती हैं ज़िंदगी के सफ़र में –
ये 'ज़रा सा और'... हमें बोहोत दूर ले आया है।।

10. अल्फ़ाज़

अल्फ़ाज़ तलाश रही थी मैं,
चंद एहसास बयाँ करने के लिए –
कहाँ पता था... ये तो कब से,
इक दूज़े से नाराज़ बैठे हैं।

यूँ रोज़- रोज़ सवाल पूछने की आदत न थी मगर...
उनके जवाब का इंतज़ार...
बेरुख़ी से बेहतर लगा।

अब यूँ ही चलने दे गुफ़्तगू का ये सिलसिला –
जो थम गया,
तो इक क़त्ल तेरे नाम भी होगा॥

11. वहम

कुछ बातें ज़ाहिर न हों तो बेहतर है,
ये वहम – कि तुम वही हो जो मैं सोचती हूँ...
ये वहम, सलामत रहे तो बेहतर है।

तेरे नक़ाब से थोड़ी-सी रोशनी उतरी थी,
अब हक़ीक़त का चेहरा रास न आए शायद,
ये हक़ीक़त – ख़्वाब-सी ही रहे... तो बेहतर है।।

12. सफ़र

ग़ुम राहों पर...

मंज़िलों की तलाश में हूँ –
शायद...
ख़ुद से ख़ुद तक के सफ़र पे हूँ।

और एक सफ़र –
तुम से तुम तक।।

13. चाँद का आईना

कल बैठी बाहर आँगन में,
फ़लक पर चाँद – इंतज़ार में था।

बहुत दिन हुए, तुम आए नहीं?
पूछा उसने – प्यार से था ।

बस, यूँ ही गुम थी कहीं...
कहा मैंने चाँद से –

तेरे तसव्वुर में थी,
पर शायद... उसका एहसास न था ।

गुम अभी भी हूँ मैं....
जाने कहाँ तलाशूँ ख़ुद को।

तुझे पता है, तो बता दे चँदा –
देखा है क्या, कहीं चहकते हुए...
उस बेफ़िक्रे... "मुझ" को?

14. इंसान

तेरी कहकशाँ में,
इश्क़ का स्वाद चख़ना... अभी बाक़ी है।।

पीर-फ़क़ीरी का जज़्बा तो नहीं,
इंसान बन जाऊँ मैं –
बस, काफ़ी है।।

15. ज़िंदगी

ज़िंदगी, क्या सुनायें तुझे... अपनी दास्तान।।

कभी तू गुम थी,
कभी हम गुम थे।।

अब मिली हो इस मोड़ पे, तो एहसास हुआ –
कि मुझसे तुम थी,
और तुझसे... हम थे।।

16. रिश्तों की शाख़ें

शाख़ों के पत्तों की तरह,
ज़िंदगी से बँधे थे कुछ लम्हे –
कुछ एहसास...
उलझते रहे न जाने कितने रिश्तों में।
कुछ दूर हुए अपने, कुछ ग़ैर बने ख़ास।।

बस यूँ समझिए...
कुछ लम्हे अधूरे छोड़,
कुछ रिश्ते पूरे किए जा रहे हैं।

रोशन कर चंद लम्हों के दिये,
हम... यूँ ही जिए जा रहे हैं।।

हर लम्हे में है इक कहानी –
कुछ टूटते सपने, कुछ जुड़ती रवानी।

झोली ले के निकले जब –
उन क़िस्सों को बटोरने हम,
इल्म हुआ...वो काफ़ी न थे –
...ज़िंदगी में झाँकने के लिए।।

17. कुछ तेरा, कुछ मेरा जहान्

सही या ग़लत से परे भी, इक जहान् है शायद,
जहाँ कुछ तेरा, कुछ मेरा निशान है शायद।

ना लिखे हों किसी ने कोई दस्तूर जहाँ,
ना रस्मों-रिवाज़ों के पहरे हों वहाँ।

सुहानी याद-सी शाम हो,
जिसमें घुले चंद जज़्बात हों।

और हो बेबाकियाँ उन अल्फ़ाज़ों में,
जिनमें हर हर्फ़ खुद को खर्च करने को निसार हो।।

18. बेमानी मशरूफ़ियत

तुझसे मोहब्बत है के नहीं, इसका क्या जवाब दूँ?
ये सवाल उतना ही बेमाने है, जितनी तेरे बिना ये ज़िंदगी।

साथ होने के बहाने ढूँढते थे जो,
साथ होकर भी तन्हा मिलते हैं अब।

कोई मशरूफ़ियत है या नाराज़गी,
बयान-ए-कैफ़ियत मुश्किल है अब।

यूँ तो वक़्त के साथ बदलने में कोई हर्ज़ नहीं,
मुश्किल तब है...
जब वक़्त तो है –
पर साथ... राह-गुज़र नहीं।।

19. लकीरों के किस्से

इत्तेफ़ाक़ तो बहुत हुए –
लेकिन तेरे मिलने से बेहतर कुछ न था।

मजबूर किया होगा किसी लकीर ने – मेरी जानिब,
वरना, क़िस्मत पर हमें – इतना यक़ीन न था।।

20. सपनों की उड़ान

बेपरवाह सा कट रहा था ज़िंदगी का सफ़र,
ना दिन का चैन, ना रात की ख़बर।

फ़ुरसत मिली तो लिपटे हैं लिहाफ़ में अपने,
और गुम-सा इक ख़्वाब आया है नज़र।

और नज़र आई है –
इक सुनहरी पोटली यादों की,
फ़ुरसत से तराशे हुए लम्हे सम्भाले थे जिसमें।

पंख फैलाए बैठे हैं वो, इस सोच में...
कि अब परवाज़ हो –
और हम ये गगन चूमें।

21. मुसाफ़िर

रोज़ इक मुसाफ़िर हूँ, यारों,
ज़िंदगी की राह में।

कल था अपनों की तलाश में,
आज हूँ अपनी तलाश में।

22. सोच

कुछ सोच में खो जाती हूँ जब...
रुक जाती हूँ कई बार–

कहीं भूल कर भी सोच में...
तुम्हें न तलाश लूँ मैं।

23. गुलज़ार साब, ज़रा सोचें

गर मिल जाते तुम तो ये क़िस्सा खतम हो जाता...
तुम्हें खोया है तो यकीनन ये कहानी लंबी चलेगी।।
– **गुलज़ार**

सब कुछ मिल जाए ज़िंदगी में, ज़रूरी तो नहीं...
अधूरी ख्वाहिशें ही तो जीने का मज़ा देती हैं।

24. नानी का गाँव – जहाँ यादें रहती हैं

वैसे तो गाँव भी अब बदल रहे हैं,
सबके बच्चे शहर जो निकल रहे हैं।

फिर भी, कभी वक़्त मिले, तो हो आना उन सूनी गलियों में,
कहीं चहकता हुआ मासूम बचपन – शायद नज़र आ जाए तुम्हें।

या टहलती हुई बूढ़ी नानी-दादी की वो परछाईं –
कड़ी धूप से तुम्हें बचाती हुई।
ज़िंदगी का सार है जिसमें –
ऐसी कहानियाँ, किस्से सुनाती हुई।

उस पीपल के पेड़ का भूत भी बूढ़ा हो गया होगा शायद...
जाया करते थे, दबे पाँव, हम जिसकी सरहदों तक।

तपती रेत में जलते पैरों को,
कलकल पानी में ठंडा करना।
मीठे बेर या मीठे आम –
जो मिल जाए, बस जी-भर के पेट भरना।

गाँव चाहे बदल गया हो,
पर लौट आना कभी,

हो सकता है वही बचपन –
किसी मोड़ पर इंतज़ार करता मिले।

www.ingramcontent.com/pod-product-compliance
Lightning Source LLC
LaVergne TN
LVHW022032200926
848481LV00007B/2654
* 9 7 9 8 8 9 8 6 5 8 0 9 0 *